ERA UMA VEZ...

E OUTROS CONTOS DE

JÚLIA LOPES DE ALMEIDA

ERA UMA VEZ...

E OUTROS CONTOS DE

JÚLIA LOPES DE ALMEIDA

ADAPTAÇÃO EM QUADRINHOS
GERMANA VIANA

Direção-geral: Vicente Tortamano Avanso
Direção editorial: Felipe Ramos Poletti
Gerência editorial: Gilsandro Vieira Sales
Gerência editorial de produção e design: Ulisses Pires
Edição: Paulo Fuzinelli
Assistência editorial: Aline Sá Martins
Apoio editorial: Maria Carolina Rodrigues
Supervisão de design: Andrea Melo
Edição de arte: Daniela Capezzuti
Colorização das HQs: Germana Viana
Projeto gráfico e editoração eletrônica: Estúdio Caraminhoca
Edição: Denis Antonio e Sergio Alves
Capa: Estúdio Caraminhoca e Germana Viana
Supervisão de revisão: Elaine Silva
Revisão: Jonathan Busato e Gabriel Ornelas
Supervisão de Controle de Processos Editoriais: Roseli Said

Dados Internacionais de Catalogação na Publicação (CIP)
(Câmara Brasileira do livro, SP, Brasil)

Viana, Germana
Era uma vez-- e outros contos de Júlia Lopes de Almeida / Júlia Lopes de Almeida ; adaptação em quadrinhos Germana Viana. -- 1. ed. -- São Paulo : Editora do Brasil, 2022. -- (HQ Brasil)

ISBN 978-85-10-08828-2

1. Contos brasileiros 2. Histórias em quadrinhos I. Título. II. Série.

21-85836 CDD-741.5

Índices para catálogo sistemático:
1. Histórias em quadrinhos 741.5
Cibele Maria Dias - Bibliotecária - CRB-8/9427

1ª edição / 1ª impressão, 2022
Impresso na Hawaii Gráfica e Editora

Rua Conselheiro Nébias, 887
São Paulo, SP – CEP: 01203-001
Fone: +55 11 3226-0211
www.editoradobrasil.com.br

APRESENTAÇÃO

Uma das primeiras romancistas brasileiras, considerada, à época, a maior figura literária feminina do seu país, Júlia Valentim da Silveira Lopes de Almeida se destacou pela obra diversificada, com contos, peças teatrais, poemas, crônicas, romances e contos infantis. A relação entre o campo e a cidade, o cotidiano e os costumes, a educação, a abolição da escravatura e especialmente os temas relacionados à condição da mulher na sociedade brasileira estão presentes em sua obra, escrita em um período em que muito pouco se discutia sobre feminismo e igualdade de direitos entre homens e mulheres.

Neste livro, apresentamos alguns contos de Júlia Lopes de Almeida adaptados para a narrativa em quadrinhos. "Era uma vez..." nos conta a história de uma princesa mimada que, aos poucos, consegue perceber além do que os olhos e a arrogância permitem. A visita de uma viscondessa, levada por sua curiosidade, ao hospital psiquiátrico é retratada em "E os cisnes?". Já em "As histórias do conselheiro", conhecemos o eloquente contador de casos que, acostumado a divertir amigos da alta sociedade durante alegres recepções, surpreende a todos ao contar sobre uma relação real de amizade. Em "A morte da velha", Amanda sempre ajuda seu irmão Luciano, ainda que maltratada por ele, além de trabalhar para garantir o próprio sustento. Por fim, em "A rosa branca", uma avó não esconde de ninguém sua predileção pela neta mais velha, Ângela; nem mesmo da pequena Ignez, a neta para a qual sobra apenas desdém. Histórias com mensagens profundas e cheias de denúncia sobre características da sociedade que assolavam a época de Júlia Lopes Almeida e que ainda persistem nos dias de hoje.

Além das adaptações desses contos para os quadrinhos, este livro traz uma breve amostra da diversificada obra de Júlia Lopes de Almeida. O poema "Árvore solitária"; "Os livros", trecho de um de seus livros mais conhecidos, *Livro das noivas*; e fragmentos de textos que revelam pensamentos e atitudes da autora, também representados em sua obra literária, que nos servem de exemplo para melhor compreendermos a importância desta pioneira da literatura brasileira.

S U M

ÁRIO

QUANDO A PRINCESA EDELTRUDES NASCEU, ERA TÃO PEQUENINA, MAS TÃO PEQUENININHA...
QUE CABERIA NO SAPATO DA RAINHA!
ERA UMA VEZ...
COM MEDO DE QUE SUA FRAGILIDADE A MATASSE...
...BAFEJARAM-NA, AMIMARAM-NA, RODEARAM-NA DOS MAIS EXTREMADOS CARINHOS...
PRINCESINHA PITIQUINHA NENEZINHA!
EITA!
A PRINCESINHA RESISTIU E FOI CRESCENDO CHEIA DE VONTADES IMPERIOSAS!

AINDA ERA MUITO TENRINHA QUANDO...

...SUA MÃE, A RAINHA, DEIXOU CAIR A CABEÇA E ADORMECEU.
DESDE ENTÃO, O REI JUROU, NUNCA NA VIDA, DIZER PARA EDELTRUDES UM NÃO!

HUMMM...
E QUE A VONTADE DA PRINCESA SEJA SEMPRE SATISFEITA!

O QUE PODE DAR ERRADO, NÃO É MESMO?

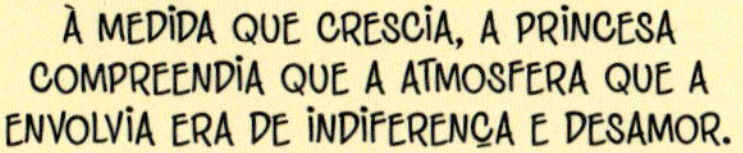
À MEDIDA QUE CRESCIA, A PRINCESA COMPREENDIA QUE A ATMOSFERA QUE A ENVOLVIA ERA DE INDIFERENÇA E DESAMOR.
OS OUTROS NÃO LHE QUERIAM BEM.

BLÉRGH!

MAS, VAMOS COMBINAR, EDELTRUDES ERA BEM EGOÍSTA E MÁ.

PAPAI!

TAP
TAP

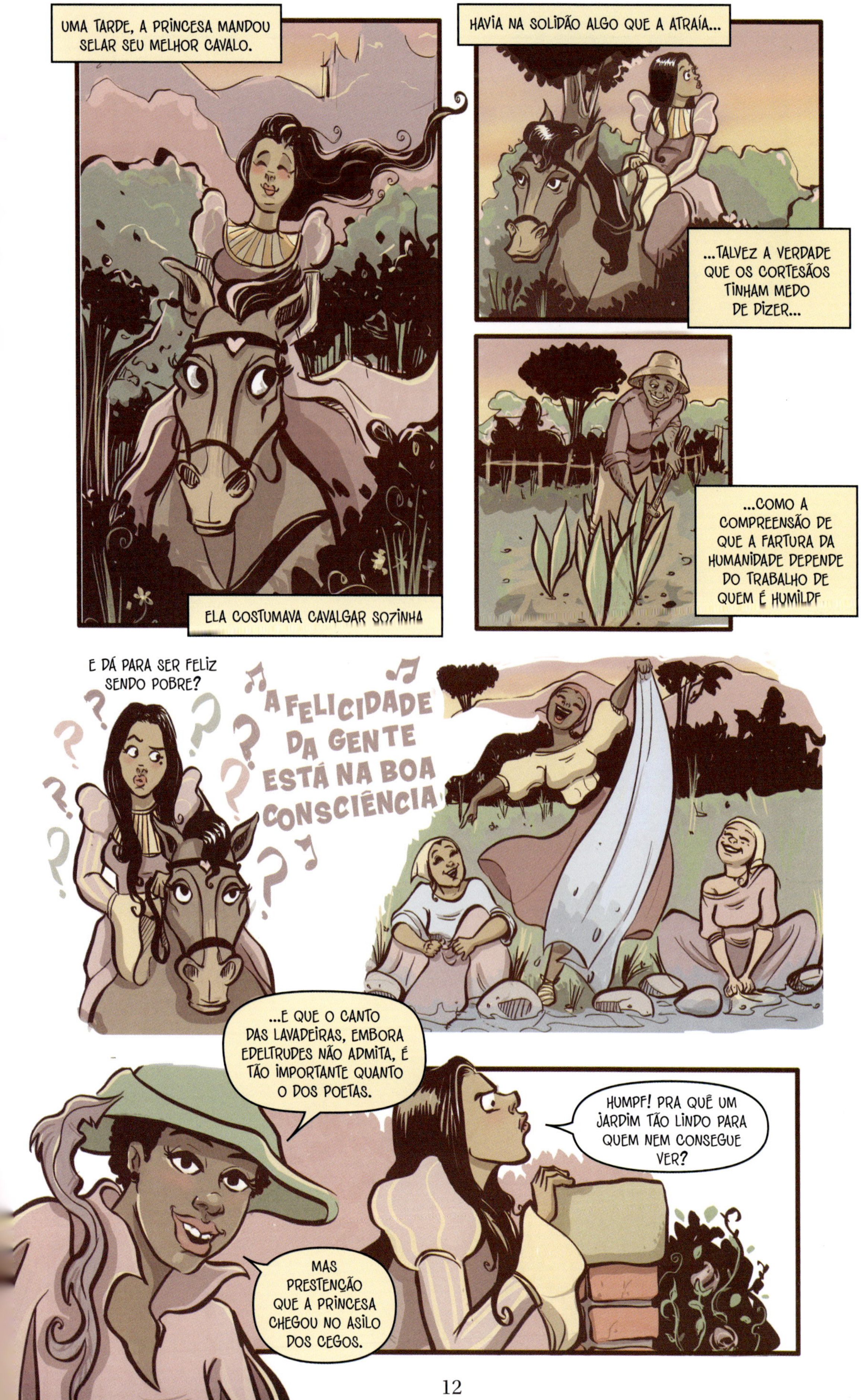

E DÁ PARA SER FELIZ SENDO POBRE?

A FELICIDADE DA GENTE ESTÁ NA BOA CONSCIÊNCIA

...E QUE O CANTO DAS LAVADEIRAS, EMBORA EDELTRUDES NÃO ADMITA, É TÃO IMPORTANTE QUANTO O DOS POETAS.

HUMPF! PRA QUÊ UM JARDIM TÃO LINDO PARA QUEM NEM CONSEGUE VER?

MAS PRESTENÇÃO QUE A PRINCESA CHEGOU NO ASILO DOS CEGOS.

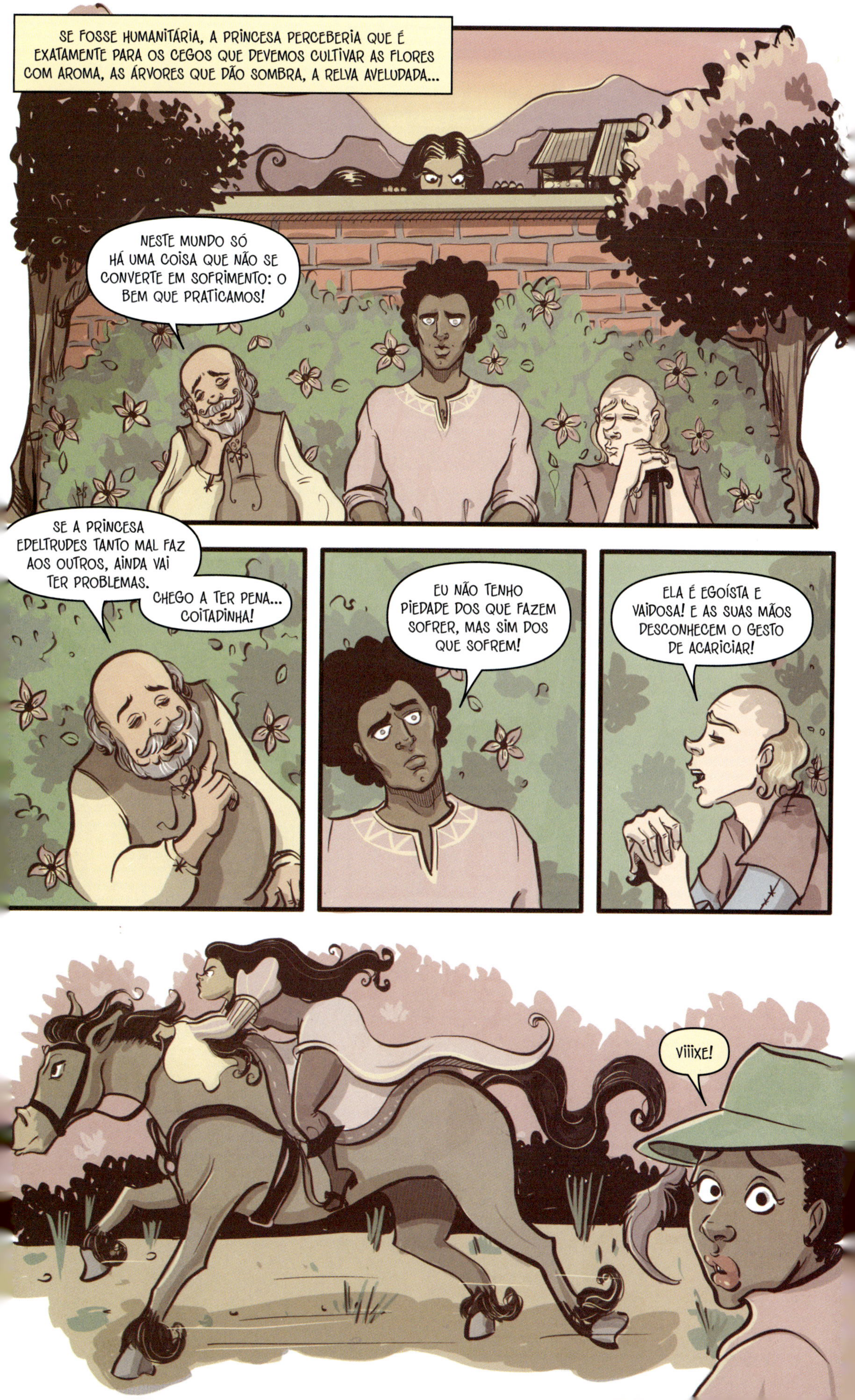

SE FOSSE HUMANITÁRIA, A PRINCESA PERCEBERIA QUE É EXATAMENTE PARA OS CEGOS QUE DEVEMOS CULTIVAR AS FLORES COM AROMA, AS ÁRVORES QUE DÃO SOMBRA, A RELVA AVELUDADA...

NESTE MUNDO SÓ HÁ UMA COISA QUE NÃO SE CONVERTE EM SOFRIMENTO: O BEM QUE PRATICAMOS!

QUE SUPLÍCIO EDELTRUDES INVENTARIA PARA CASTIGAR A INSOLÊNCIA DOS TRÊS CEGOS?

Ai, Ai...

Ai. Ai.

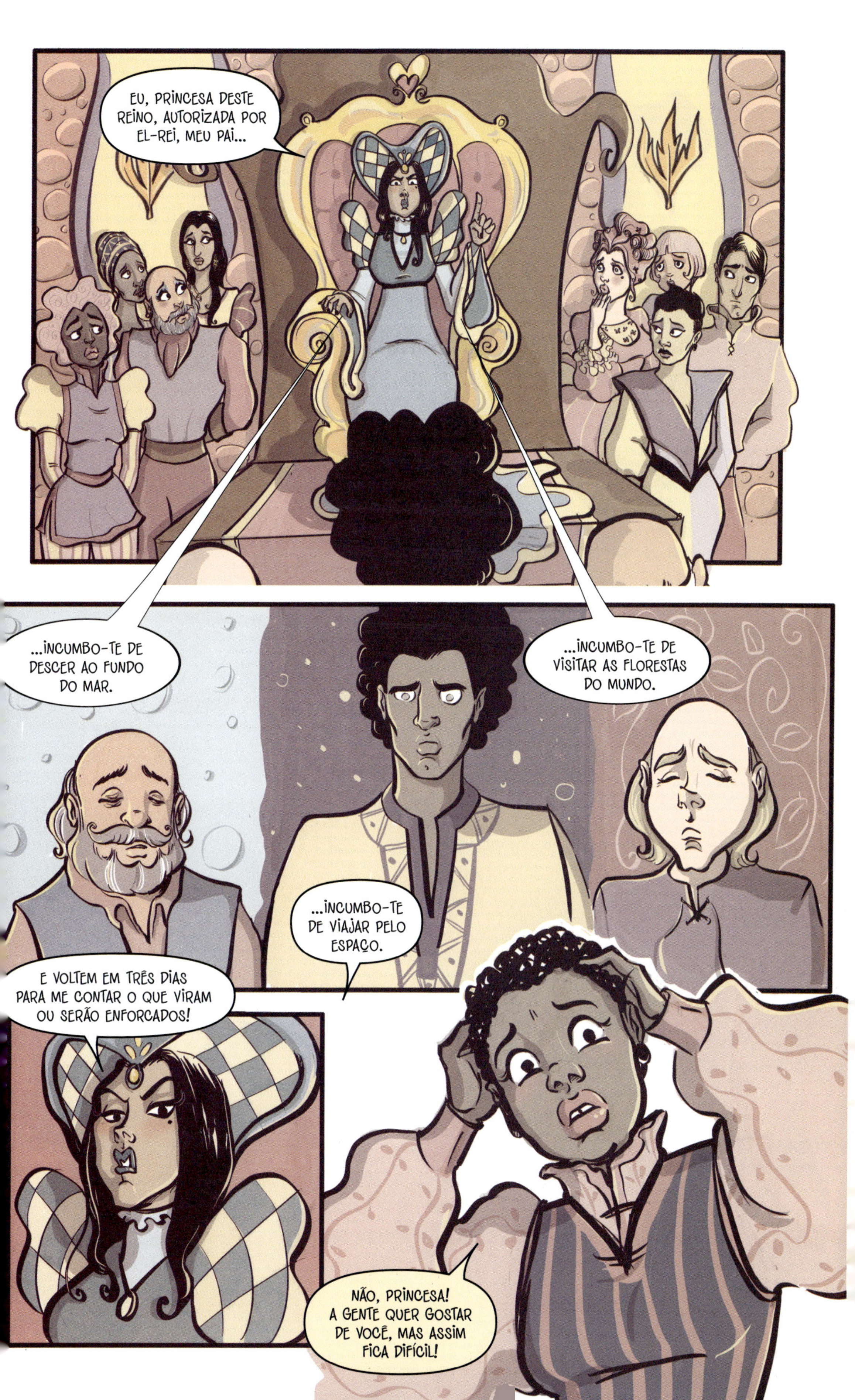
EU, PRINCESA DESTE REINO, AUTORIZADA POR EL-REI, MEU PAI...
...INCUMBO-TE DE DESCER AO FUNDO DO MAR.
...INCUMBO-TE DE VISITAR AS FLORESTAS DO MUNDO.
...INCUMBO-TE DE VIAJAR PELO ESPAÇO.
E VOLTEM EM TRÊS DIAS PARA ME CONTAR O QUE VIRAM OU SERÃO ENFORCADOS!
NÃO, PRINCESA! A GENTE QUER GOSTAR DE VOCÊ, MAS ASSIM FICA DIFÍCIL!

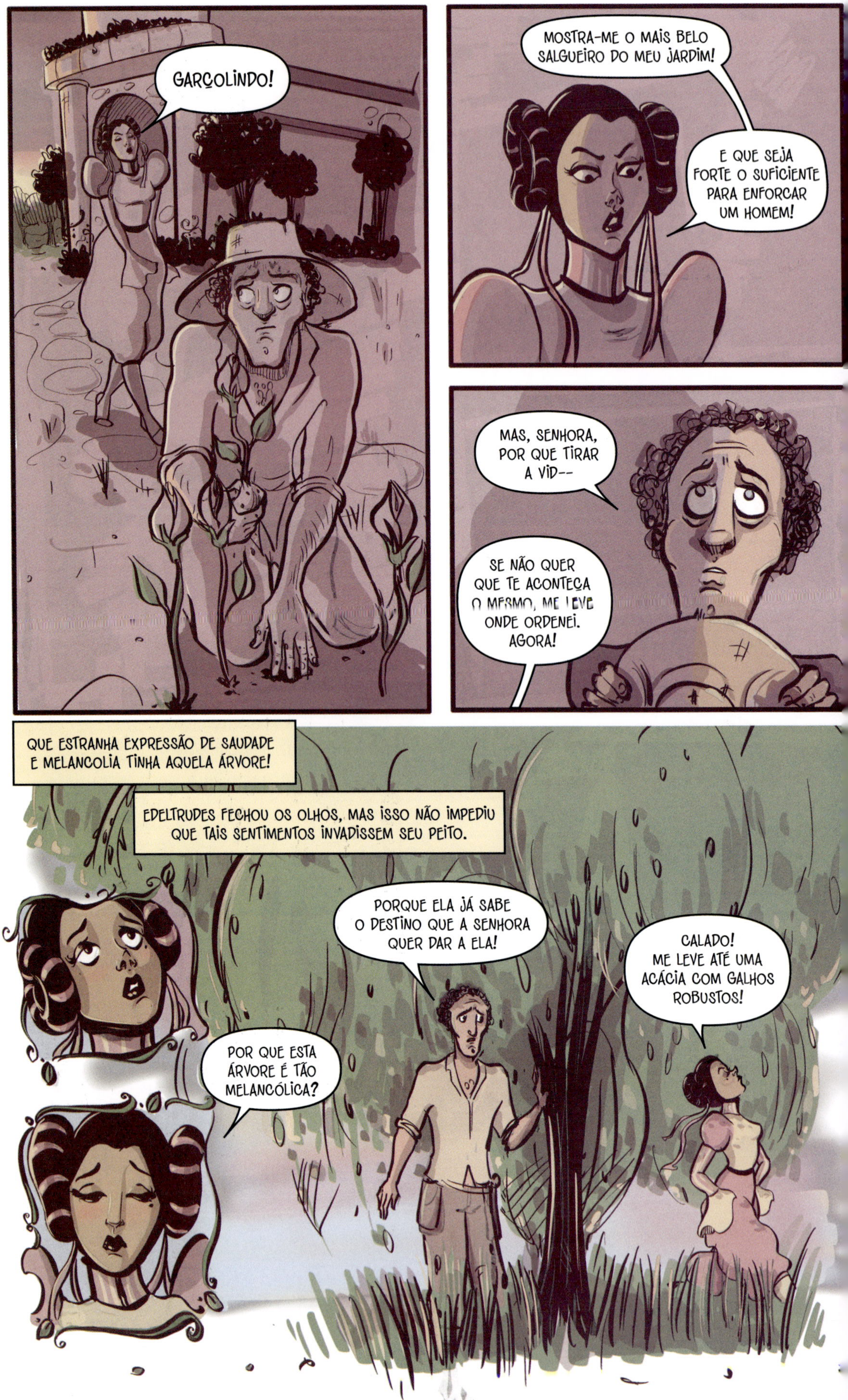

QUE ESTRANHA EXPRESSÃO DE SAUDADE E MELANCOLIA TINHA AQUELA ÁRVORE!

EDELTRUDES FECHOU OS OLHOS, MAS ISSO NÃO IMPEDIU QUE TAIS SENTIMENTOS INVADISSEM SEU PEITO.

POR QUE ESTA ÁRVORE É TÃO MELANCÓLICA?

PORQUE ELA JÁ SABE O DESTINO QUE A SENHORA QUER DAR A ELA!

CALADO! ME LEVE ATÉ UMA ACÁCIA COM GALHOS ROBUSTOS!

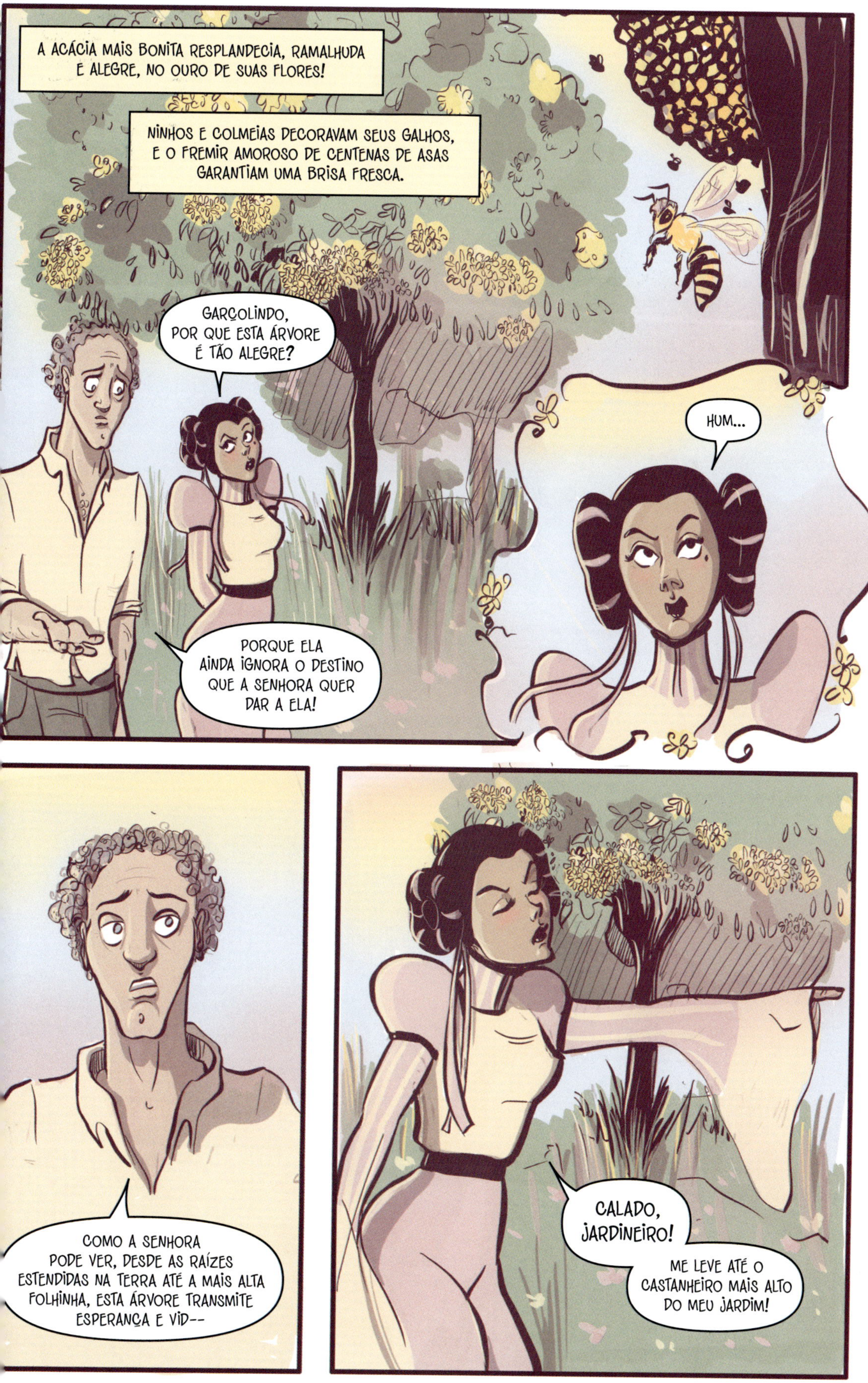

A ACÁCIA MAIS BONITA RESPLANDECIA, RAMALHUDA E ALEGRE, NO OURO DE SUAS FLORES!

NINHOS E COLMEIAS DECORAVAM SEUS GALHOS, E O FREMIR AMOROSO DE CENTENAS DE ASAS GARANTIAM UMA BRISA FRESCA.

GARÇOLINDO, POR QUE ESTA ÁRVORE É TÃO ALEGRE?

PORQUE ELA AINDA IGNORA O DESTINO QUE A SENHORA QUER DAR A ELA!

HUM...

POR QUE "DEGOLADAS"? O AVÔ DA PRINCESA MANDOU DEGOLAR DUAS SERVAS POR INTRIGAS DE AMOR... HUMPF.
POIS É, VOVÔ NÃO ERA UM CARA MUITO LEGAL.
PARA CHEGAR NO CASTANHEIRO, TIVERAM QUE SUBIR A COLINA DAS DEGOLADAS.
OLHA-ME E VERÁS QUE AO PÉ DE MIM SE EXTINGUE O SOFRIMENTO. NASCI PARA ABENÇOAR. O LAVRADOR ESBAFORIDO, QUASE A MORRER DE INSOLAÇÃO, ENCONTRA À MINHA SOMBRA REFRIGÉRIO QUANDO A TERRA ESBRASEADA EM QUE LABUTA DARDEJA AO SOL.
SIMBOLIZO A DOÇURA E A CLEMÊNCIA, SOU A CIDADE DOS PÁSSAROS E O TELHADO DOS MENDIGOS ERRANTES QUE OS TEUS MORDOMOS ENXOTAM DA TUA PORTA E VEM CHORAR NAS MINHAS RAÍZES.
É PRECISO CONHECER O SABOR DAS LÁGRIMAS PARA SE PERCEBER O VALOR DA ALEGRIA.
ENQUANTO MAIS PENETRO NA AMARGURA DA TERRA, MAIS ME INEBRIO NA BELEZA DO ESPAÇO E NO FULGOR DOS ASTROS.
MAS VAMOS TORCER PARA QUE A LINGUAGEM DAS ÁRVORES AJUDE A PRINCESA A QUEBRAR ESSE CICLO E SE TORNAR UMA PESSOA MELHOR!

ENFIM, O PRAZO DADO PELA PRINCESA CHEGOU AO FIM E OS POBRES HOMENS JÁ VIERAM VESTIDOS PARA SEU ENTERRO.
A CORTE, REUNIDA PARA OUVIR A NARRAÇÃO DOS TRÊS, NÃO CONSEGUIU REPRIMIR UM SENTIMENTO DE PIEDADE!
VOCÊ! QUE MANDEI AO FUNDO DO MAR, CONTE O QUE VIU!
FUI DA ORLA DA PRAIA ATÉ A VASTIDÃO DO OCEANO...
...NEM O CORTE DE UMA ASA OU A VELA DO MENOR BARCO...
SÓ O NADA! SOLENE, GRAND--
NÃO! NÃO! NÃO!
NÃO QUERO SABER COMO É O MAR VISTO DE FORA!
DIGA-ME O QUE VIU QUANDO CHEGOU AO FUNDO!

O FUNDO DO MAR É VARIADO...
POR VEZES TENEBROSO, POR VEZES, LINDO!

CAMINHEI SOBRE AREIAS E CASCALHOS, ORA RESVALANDO EM ALGAS MACIAS, ORA GOLPEANDO AS CARNES EM CONCHAS SERRILHADAS!

DE TRECHOS SOMBRIOS DESCIA A POÇOS DE TREVA ESPESSA. MAS NÃO ME INTIMIDEI... TOPEI COM GRUTAS DE ROCHAS SOBREPOSTAS E MONSTROS COM OLHOS DE LÂMPADAS ELÉTRICAS!

PASSARAM POR MIM, NOS LUGARES MAIS PROFUNDOS, FERAS DE CORPO IMENSO E OLHOS QUASE IMPERCEPTÍVEIS!

MAS AINDA ASSIM, NENHUM JARDIM TERRESTRE PODERIA ME DAR MAIS PRAZER! ALGAS, BÚZIOS, PÉROLAS!

DO ENCANTAMENTO AO PAVOR,
DO PAVOR AO ENCANTAMENTO!

DAS FLORES FANTÁSTICAS ME VI NOVAMENTE PRÓXIMO DOS ANIMAIS MAIS EXTRAVAGANTES!

MONSTROS!

MAS... E AS SEREIAS, ONDINAS E O MAJESTOSO VELHO A QUEM CHAMAM DE NETUNO?!
DEUSES... ONDINAS...POVOAM OS MARES DA LITERATURA, SENHORA!
SÃO O PRODUTO DA MENTE DAQUELES QUE VENERAM A NATUREZA!
E O QUE MAIS VOCÊ APRENDEU COM O MAR?
QUE A VIDA É AMOR, OS ANIMAIS SÓ MATAM QUANDO ATORMENTADOS PELA FOME E APENAS A HUMANIDADE GUERREIA ENTRE SI.
HUMM... AGORA, VOCÊ, QUE MANDEI VISITAR O ESPAÇO!

QUANDO A SENHORA ME ENVIOU A ESTA JORNADA, FUI PROCURAR UMA PESSOA SÁBIA, ACOSTUMADA A TRILHAR OS CAMINHOS AZUIS DO FIRMAMENTO!
COM ELA, SUBI E GIREI POR ENTRE OS ASTROS FULGURANTES...
MINHA ALMA SE CONDENSAVA EM UMA SÓ FACULDADE: DESLUMBRAMENTO!
ASTRÔNOMOS SE JUNTARAM A NÓS, UNINDO CIÊNCIA À SABEDORIA DA MESTRA!
SÃO ENAMORADOS DO SOL OS PLANETAS QUE GIRAM EM TORNO DELE.

A VIA LÁCTEA É UM FERVILHAMENTO DE CORAÇÕES ESTÁTICOS E VIRGINAIS, ONDE O AMOR SE CRISTALIZOU EM RUTILAÇÕES IRIADAS!
DE MERCÚRIO A VÊNUS. DE VÊNUS À TERRA. QUE VIAGEM LINDA E DOCE! E EU OUVIA, DOS MUNDOS ESPARSOS, VOZES QUE ENTRAVAM PELOS OUVIDOS COMO VOZES HUMANAS...
E O QUE ELAS DIZIAM?
PARA VOLTAR PARA A TERRA E ENSINAR A HUMANIDADE A SER BOA.
PARA SER CLEMENTE, JUSTO E ORIENTAR QUALQUER UM QUE ESTEJA PERDIDO PARA QUE ENCONTRE O CAMINHO ATRAVÉS DO TRILHO DA BONDADE E DA COMPAIXÃO.
...BASTA!
AGORA, VOCÊ!

ENTREI NA FLORESTA COM O PASSO TÍMIDO E O CORAÇÃO MEDROSO! NADA ATRAI E ASSUSTA MAIS QUE O DESCONHECIDO!
PORÉM, MINHA PELE MALTRATADA PELO CALOR LOGO ENCONTROU CONFORTO NA SOMBRA DAS GRANDES ÁRVORES!
SENTI QUE A ALMA DA FLORESTA SE ABRIA PARA ME RECEBER!
AJOELHEI-ME DEVOTAMENTE E BEIJEI A TERRA FECUNDA, CRIADORA DE TANTAS MARAVILHAS!
NENHUMA PALAVRA ESCRITA OU FALADA JAMAIS HAVIA ME FEITO ENTENDER, DE MANEIRA TÃO CRISTALINA, O QUE A NATUREZA ME ENSINAVA: QUE CADA ÁRVORE ERA UM POEMA, CADA COLMEIA UM EXEMPLO DE COOPERAÇÃO, E CADA FLOR UM EMBLEMA DE GRAÇA E FANTASIA!

MINHA LÍNGUA É FRACA PARA DESCREVER O MUNDO DE SENSAÇÕES ELEVADAS QUE A FLORESTA ACORDOU EM MEU ESPÍRITO!
E, PELA PRIMEIRA VEZ EM MINHA VIDA, PERCEBI QUE AS ÁRVORES FALAM!
ENTÃO, ONTEM, AS ÁRVORES FALARAM COMIGO DE FATO!
E AS FERAS?
AS FERAS TÊM UMA EXPRESSÃO DE NOBREZA QUE MAIS ME CAUSOU ADMIRAÇÃO QUE TERROR!
SEM FOME E LIVRES DA PERSEGUIÇÃO DA HUMANIDADE, ELAS SÃO PLÁCIDAS E MEDITATIVAS.
SÓ A HUMANIDADE É MÁ, SENHORA! SÓ A HUMANIDADE ENVENENA O AR QUE RESPIRA POR AMBIÇÃO E COVARDIA!

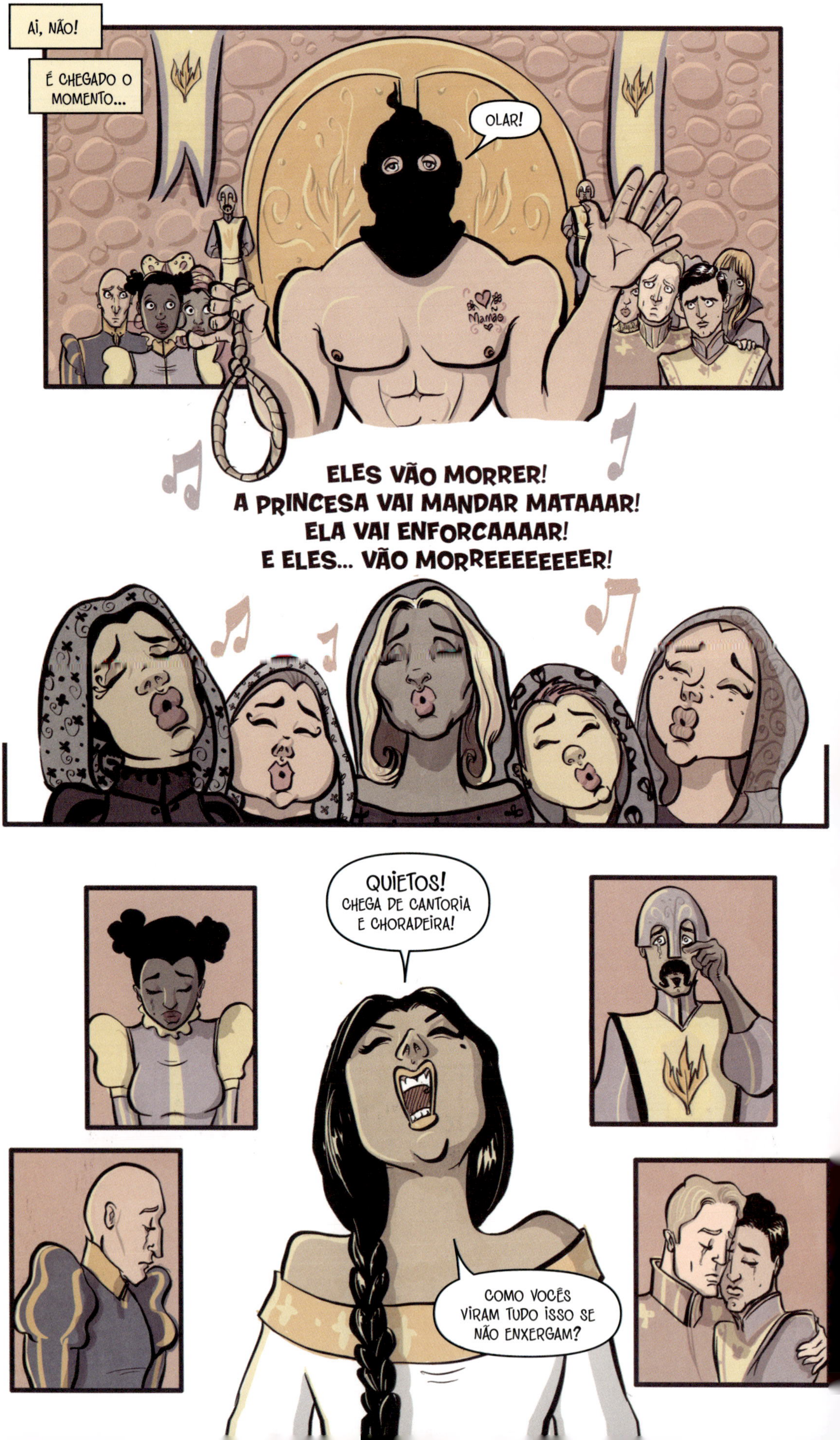

ELES VÃO MORRER!
A PRINCESA VAI MANDAR MATAAAR!
ELA VAI ENFORCAAAAR!
E ELES... VÃO MORREEEEEEEER!

QUIETOS!
CHEGA DE CANTORIA E CHORADEIRA!

COMO VOCÊS VIRAM TUDO ISSO SE NÃO ENXERGAM?

SENHORA, QUANDO A PRIMEIRA PESSOA ABRIU PARA A LUZ SEU PRIMEIRO OLHAR INTERROGATIVO...
SENTIU-SE ARRASTADA POR UMA FADA!
UMA FADA QUE ORA A ALÇAVA ÀS REGIÕES SIDERAIS, ORA A CARREGAVA EM ONDAS PAVOROSAS!
DESDE ESSE INSTANTE, ETERNO COMPANHEIRO DA HUMANIDADE, ESSE SER ACODE A NOSSAS INVOCAÇÕES OU NOS LEVA A VIAJAR PELO INFINITO!
A SUA BOCA AFLORA NO MAIS DIVINO BEIJO A FRONTE DE UM MISERÁVEL E DÁ INSPIRAÇÃO PARA A ARTE!
É A SUPREMA BENFEITORA DO UNIVERSO PORQUE, REPARE, FAZ VER QUEM NÃO PODERIA!
O NOME! QUERO O NOME DESSA FADA TÃO PODEROSA!

ME CHAMO IMAGINAÇÃO, PRINCESA EDELTRUDES!
E VEJA QUE MILAGRE!
A PRINCESA PERDOOU OS TRÊS CEGOS E, DESDE ESSE DIA, OLHOU COM ATENÇÃO CARINHOSA PARA TODAS AS COISAS E DISPENSOU PROTEÇÃO E BONDADE PARA TODAS AS PESSOAS, CONVENCIDA, BEM NO FUNDO DA ALMA, DE QUE SÓ É CEGO QUEM NÃO QUER VER!
FIM

ÁRVORE SOLITÁRIA

Faz-me mal o avistá-la, desfolhada,
No largo espaço da planície, aquela
Árvore solitária, sentinela
Das longínquas florestas avançada.

Batida pela ríspida procela,
Esquelética, anosa e desolada,
Não sei que angústia sinto na alma ao vê-la
Os braços contorcer, desesperada!

Dão-lhe não sei que trágica beleza
Os gestos com que invoca a Imensidade,
Numa revolta contra a Natureza!

Assim da Terra em vão se eleva, insana,
Para o Amor, para o Bem, para a Verdade,
A ânsia impotente da vontade humana!

Júlia Lopes de Almeida. *A árvore*. 3ª ed. Rio de Janeiro:
Livraria Francisco Alves, 1916.

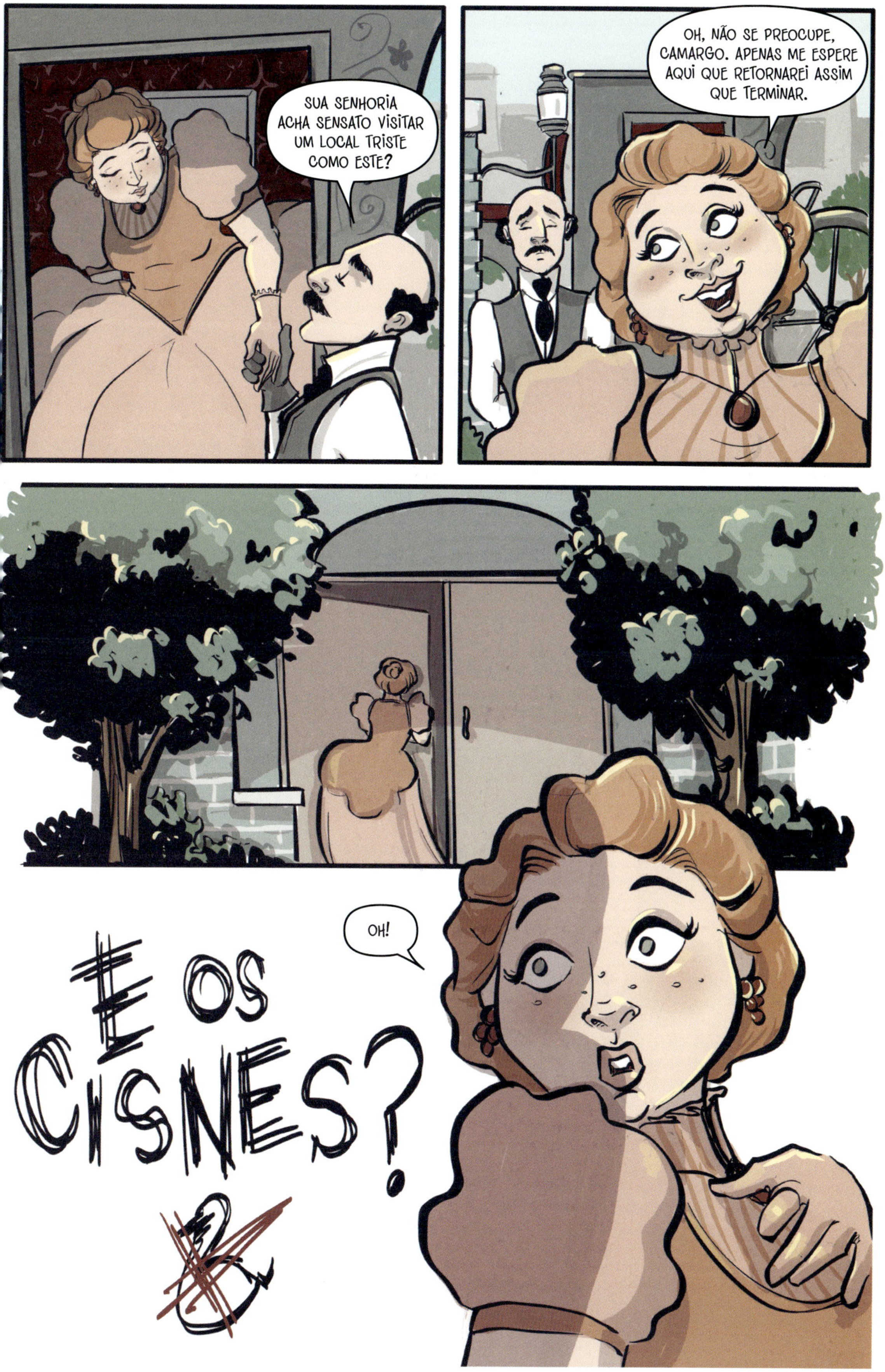

OH!

E OS CISNES?

HOSPITA
PSIQUIÁTR
POSSO AJUDÁ-LA?
EU SOU A VISCONDESSA DE SÃO ROQUE E--

ESTÁ ESPERANDO PELO DIRETOR PARA VISITAR O HOSPITAL. EU POSSO ACOMPANHÁ-LA!
POR FAVOR, ASSINE SEU NOME NO LIVRO DE REGISTRO.

POR AQUI, VOSSA SENHORIA.
VAMOS COMEÇAR PELOS INTERNOS PACÍFICOS!

ME DESCULPE... O BARULHO DO MEU SAPATO.
QUAL O SEU... COMO DEVO CHAMÁ-LA?
TOC
TOC
TOC
IRMÃ SERAFINA. NÃO QUE EU SEJA FREIRA...

MAS FUI EDUCADA NUM CONVENTO, E MEUS IRMÃOS ME APELIDARAM ASSIM. ACOSTUMEI.

IRMÃ SERAFINA, A SENHORA NÃO TEM MEDO DE VIVER AQUI?

ÀS VEZES...

...MAS EU TENHO COMPAIXÃO, DEDIQUEI-ME A ISTO E VOU ENVELHECER AO LADO DELES.
A SENHORA É UM ANJO!

VOU LEVÁ-LA AGORA PARA A ESCOLA DAS CRIANÇAS.

SUA SENHORIA AGUENTA? NÃO RECEIA FICAR IMPRESSIONADA DEMAIS?
EU SEI QUE SERÁ MUITO TRISTE. MAS É BOM VER DE TUDO!

9x1=9
9x2=18
9x3=__
9x4=36
9x5=40
9x6=__

NÃO FOI NADA, QUERIDA.
A VISCONDESSA FICOU TRISTE, E NÃO QUIS CHORAR NA SUA FRENTE.

EU AVISEI!
UM POUCO DE ÁGUA COM AÇÚCAR?
ME DESCULPE.

TÃO NOVINHOS... OS OLHARES...
TÃO TRISTES, TÃO PERDIDOS...
...ABANDONADOS.

EU TENTO SER MAIS CARINHOSA PARA AQUELES A QUEM NINGUÉM QUER BEM...
NO FINAL, TODAS CORREM PARA MIM.
SABE... TODAS AS CRIANÇAS GOSTAM DE AVES...
AVES?
AVES COM ASAS QUE AS AGASALHEM...

MAS VAMOS DEIXAR A TRISTEZA PARA TRÁS.
VOU APRESENTAR UMA PACIENTE FELIZ PARA SUA SENHORIA!
OBRIGADA!

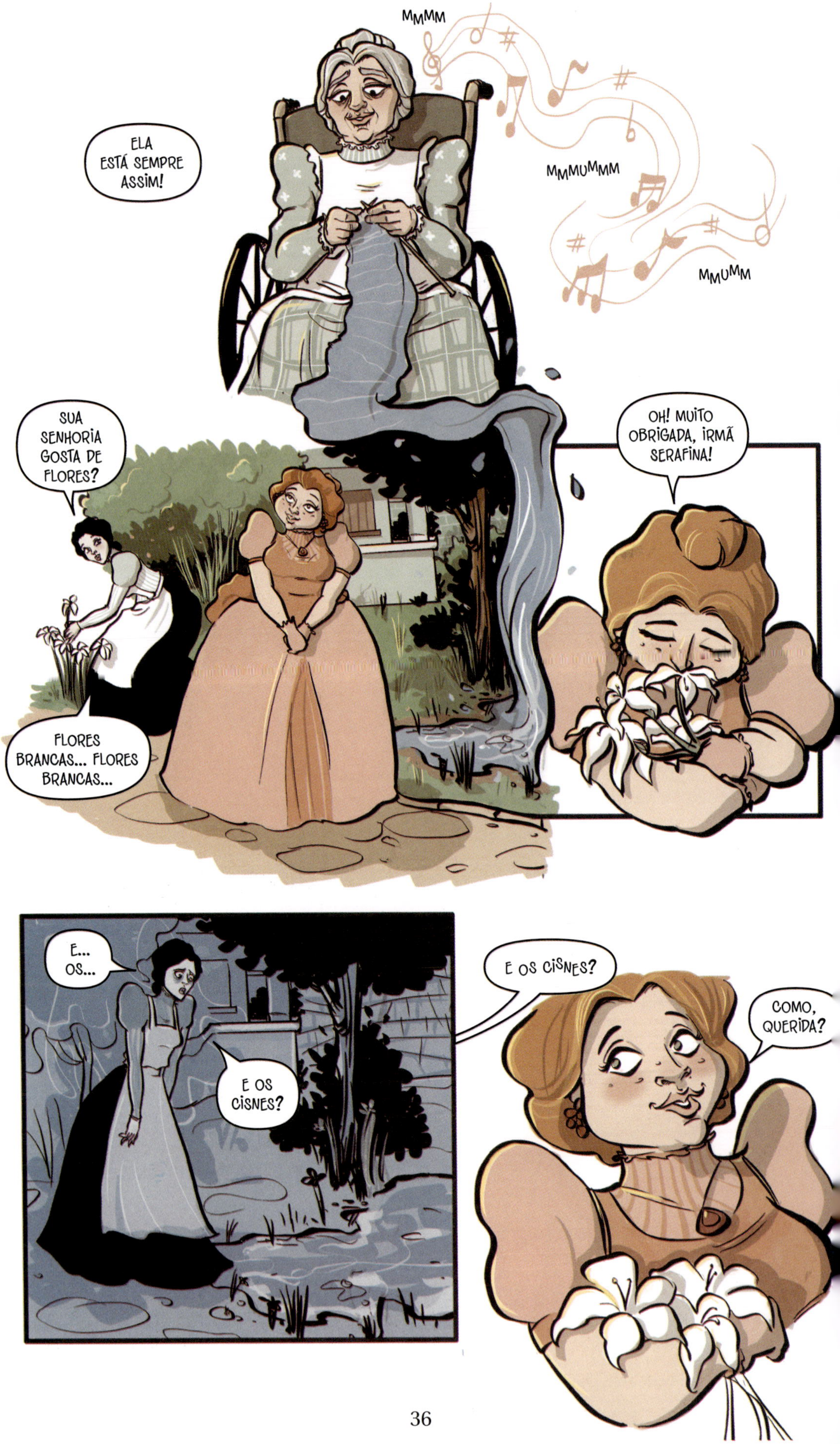

MMMM

ELA ESTÁ SEMPRE ASSIM!

MMMUMMM

MMUMM

SUA SENHORIA GOSTA DE FLORES?

FLORES BRANCAS... FLORES BRANCAS...

OH! MUITO OBRIGADA, IRMÃ SERAFINA!

E OS CISNES?
E OS CISNES?

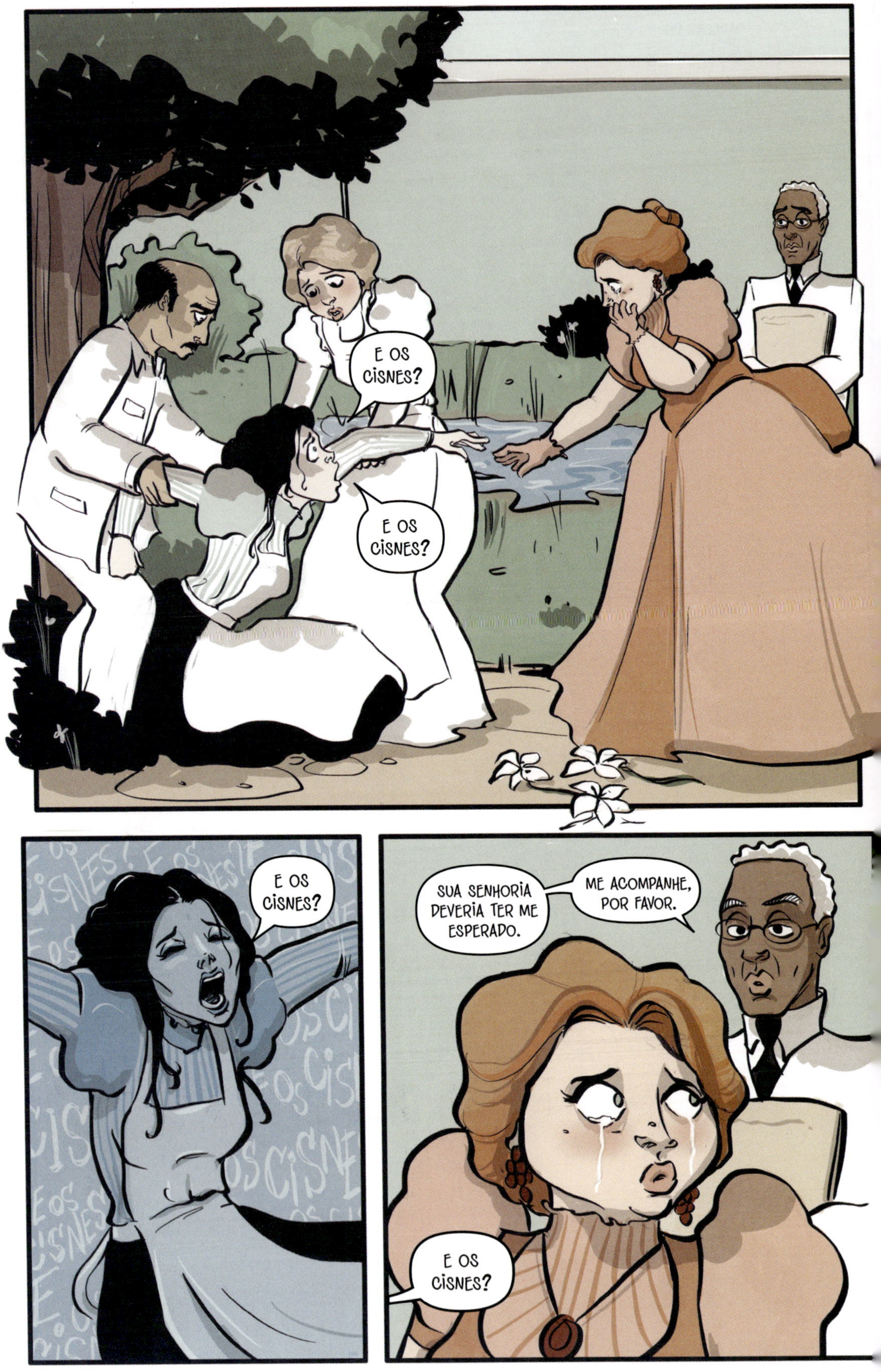

E OS CISNES?

E OS CISNES?

E OS CISNES?
APESAR DO SURTO, ELA NÃO FARIA MAL À SUA SENHORIA.
A FILHINHA DELA?
SIM. AS AVES SE AFASTARAM, A PEQUENINA MERGULHOU E AFOGOU-SE.

E OS CISNES?
E OS CISNES?
E OS CISNES?

E OS CISNES?
DESDE ENTÃO, ELA TEM SURTOS ESPORÁDICOS...
OU FINGE SER UM CISNE...
E OS CISNES?
E OS CISNES?

E OS CISNES?
NÃO... NÃO, OBRIGADA. EU... PRECISO IR.

VISCONDESSA? ESPERE!
E OS CISNES?
E OS CISNES?

E ENTÃO? SUA SENHORIA ACHOU O QUE ESTAVA BUSCAND--
E OS CISNES?

E OS CISNES?
...
E OS CISNES?

E OS CISNES?
?
VISCONDESSA, SUA SENHORIA ESQUECEU SUAS FLORES.

E OS CISNES?
E OS CISNES?
E OS CISNES?
E OS CISNE

FIM

[...] **Os povos mais fortes, mais práticos, mais ativos, e mais felizes são aqueles onde a mulher** não figura como mero objeto de ornamento; em que são guiadas para as vicissitudes da vida com uma profissão que as ampare num dia de luta, e uma boa dose de noções e conhecimentos sólidos que lhe aperfeiçoem as qualidades morais. Uma mãe instruída, disciplinada, bem conhecedora dos seus deveres, marcará, funda, indestrutivelmente, no espírito do seu filho, o sentimento da ordem, do estudo e do trabalho, de que tanto carecemos.

Júlia Lopes de Almeida. [Sem título], *A Mensageira*, São Paulo, v. 1, n. 1, p. 3, 1897.

Fragmento I

Por que não hei de enganar do mesmo modo? Em consciência, não há homens nem mulheres: há seres com iguais direitos naturais, mesmas fraquezas e iguais responsabilidades [...] Mas não há meio de os homens admitirem semelhantes verdades. Eles teceram a sociedade com malhas de dois tamanhos – grandes para eles, para que seus pecados e faltas saiam e entrem sem deixar sinais; e extremamente miudinhas para nós.

Júlia Lopes de Almeida. *Eles e elas*. 2. ed. Rio de Janeiro: Francisco Alves, 1922. p. 137.

SR. CONSELHEIRO, ENQUANTO NÃO NOS SERVEM O CHÁ, CONTE-NOS UM OUTRO CASO!

ESTE FOI DE UM HUMOR IRRESISTÍVEL!

VAMOS, SR. CONSELHEIRO, OUTRA HISTÓRIA!

AS HISTÓRIAS DO CONSELHEIRO

EXERCIA EU O CARGO DE JUIZ DE DIREITO NA PEQUENA COMARCA DE SANTA BÁRBARA, QUANDO ME FOI APRESENTADO O DR. LEMOS...
ADVOGADO, HOMEM PACATO, CHEIO DE PRECONCEITOS RELIGIOSOS E SOCIAIS. NÃO ERA DE FATO UMA MÁ PESSOA, MAS ERA MUITO CHATINHO.
EU MORAVA SOZINHO, NUMA GRANDE CASA ANTIGA...
BLA BLA BLA BLA BLA BLA BLA BLA
BLA BLA BLA BLA BLA BLA BLA BLA
...O HOMEM ENTENDEU QUE ME DEVIA FAZER COMPANHIA.
LÁ VEM ELE! DESTA VEZ EU...
?
INDO POVOAR A MINHA SOLEDADE DOCE E TRANQUILA...
...ESCAPO?
BLA BLA BLA BLA BLA BLA BLA BLA BLA BLA BLA
...COM OS SEUS RECEIOS E FANTASMAGORIAS!

MAS, POR MAIS INCRÍVEL QUE POSSA PARECER...
BLA BLA BLA BLA BLA BLA BLA BLA
AFE... AQUELA DESGRAÇA ESTÁ VINDO.
A SENHORA PASSA UM CAFEZINHO, POR FAVOR, DONA HERMÍNIA?

...NÃO SEI DIZER SE PELO COSTUME, AOS POUCOS...
BLA BLA BLA BLA BLA BLA BLA BLA
LÁ VEM ELE.
A SENHORA PASSA UM CAFEZINHO, POR FAVOR, DONA HERMÍNIA?

...FUI ME RENDENDO A ESSA AMIZADE QUE ME PARECIA TÃO IMPROVÁVEL!
BLA BLA BLA BLA BLA BLA BLA BLA
DR. LEMOS, JÁ ESTAVA ESTRANHANDO A DEMORA!
A SENHORA PASSA UM CAFEZINHO, POR FAVOR, DONA HERMÍNIA?

LEMOS CONTOU-ME A SUA VIDA, SEMPRE COM ASPIRAÇÕES À FORTUNA, HOJE UMA ESPERANÇA, AMANHÃ UM DESENGANO.
CASARA-SE, MAS A MOÇA MORREU CEDO. RESTOU-LHE APENAS O FILHO.
ISIDORO.
E COM O TEMPO A PASSAR E A VELHICE A TOMAR POSSE DE LEMOS, COM OS SEUS ACHAQUES E DESILUSÕES, ISIDORO ERA SUA ESPERANÇA,
BLA BLA BLA BLA BLA BLA
BLA BLA BLA BLA
AQUELE FILHO EXEMPLAR ERA O ÚNICO PONTO QUE O PRENDIA AO MUNDO.

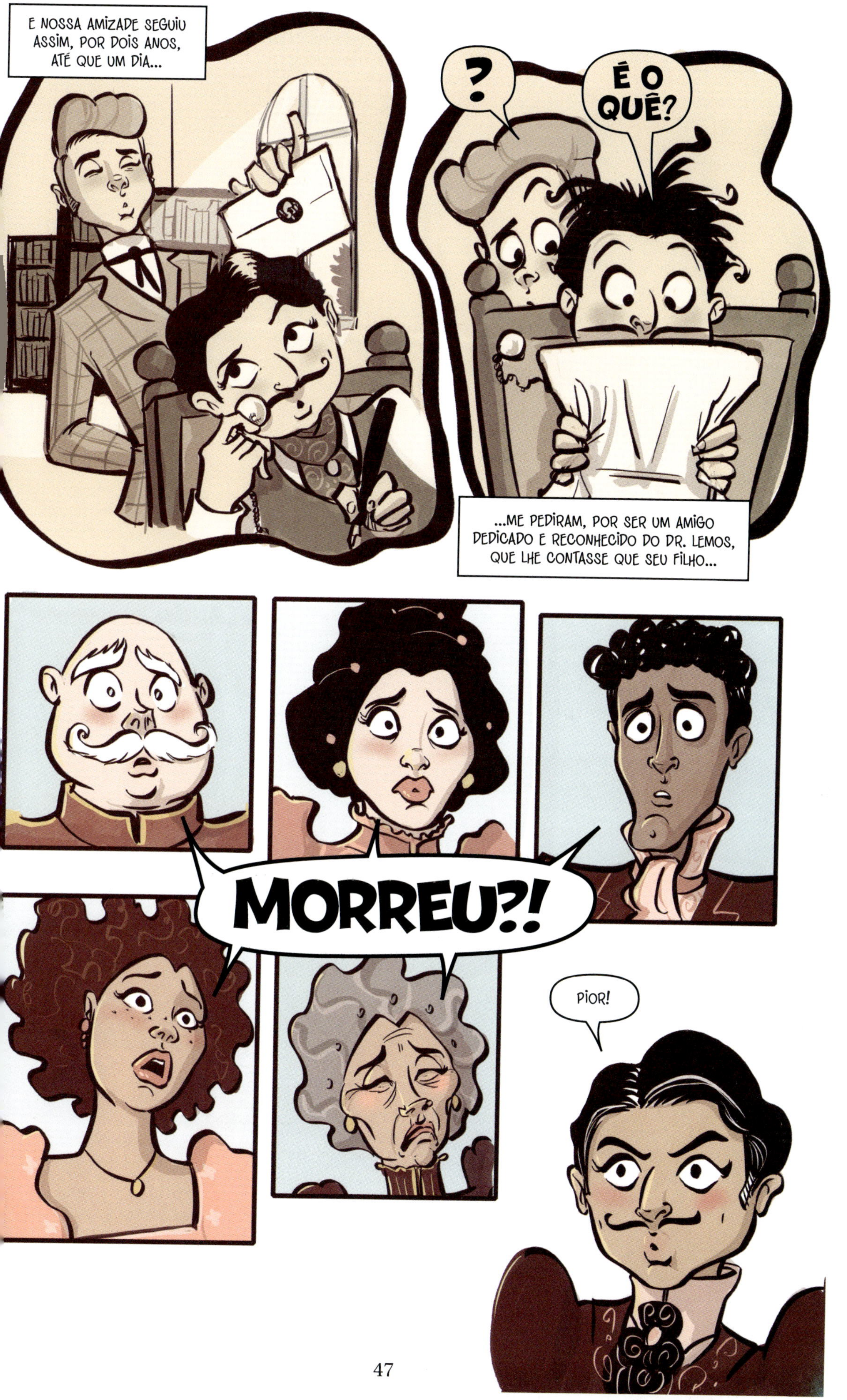

E NOSSA AMIZADE SEGUIU ASSIM, POR DOIS ANOS, ATÉ QUE UM DIA...

?

É O QUÊ?

...ME PEDIRAM, POR SER UM AMIGO DEDICADO E RECONHECIDO DO DR. LEMOS, QUE LHE CONTASSE QUE SEU FILHO...

ERA DESONRADO!
ISIDORO SUBTRAIU UMA QUANTIA CONSIDERÁVEL DO BANCO ONDE ERA CAIXA...
DONA HERMÍNIA, ESCONDA OS JORNAAAIS!
...E FUGIU PARA A AMÉRICA DO NORTE!
BLA BLA BLA BLA BLA BLA BLA BLA BLA BLA BLA BLA BLA BLA
Q-QUER FICAR PARA O JANTAR, LEMOS?
EU PRECISAVA CO-CONVERSAR CONTIGO.
ESPEREI O MOMENTO CERTO.
MAS, CURIOSAMENTE, O DR. LEMOS, PELA PRIMEIRA VEZ EM 27 MESES, NÃO MENCIONOU SEU FILHO DESDE QUE CHEGARA.
BLA BLA BLA BLA BLA BLA BLA BLA BLA BLA BLA BLA BLA BLA
ENTÃO...
BLA BLA BLA BLA BLA BLA BLA BLA BLA BLA BLA BLA BLA BLA BLA BLA BLA BLA BLA BLA
PFUU
COMO EU IRIA CONTAR AGORA QUE AQUELE DINHEIRO QUE O FILHO ENVIARA "COM TANTO CARINHO" ERA ROUBADO?

EU TENTEI PROTEGER MEU AMIGO...
DR. LEMOS, COMO O SENHOR ESTÁ?
SEU ASSISTENTE ESTAVA PROCURANDO POR VOCÊ, DR. CAMARGO!
FIQUEI SABENDO DO SEU FILH--
ACABOU!
ACABOU O JORNAL DE HOJE E DA SEMANA.
QUE COISA, NÃO?
DR. LEMOS, E SEU FILHO? MINHA NUSSINHORA...
UM DOCINHO, DONA SOFIA?
DR. LEMOS, E COMO ESTÁ O SEU FIIIII--
--IIIINAL DE SEMANA. COMO FOI O SEU FINAL DE SEMANA, DR. LEMOS?
AH, COMO TENTEI PROTEGÊ-LO...

MAS EU PRECISAVA CONTAR PARA ELE... ANTES QUE ALGUÉM CONTASSE.
ME PREPAREI.
ERA AGORA OU NUNCA!
ENTÃO...
A CASA...
...ONDE ELE UM DIA GOSTARIA DE VIVER "AOS PÉS DE MEU FILHO, DE UMA NORA SENSATA E DE UNS NETINHOS ALEGRES...".
EU PRECISAVA CONTAR!

PRECISAVA.
MAS NÃO CONSEGUI.
BLA BLA BLA BLA BLA BLA BLA BLA BLA BLA BLA BLA BLA BLA BLA BLA BLA BLA BLA
EM VEZ DISSO, FUGI.
...FOI A ÚLTIMA VEZ QUE VI O DR. LEMOS.

SOUBE DEPOIS QUE MEU AMIGO ENLOUQUECEU.
CONTARAM TUDO PARA ELE ASSIM QUE NÃO ME VIRAM POR PERTO.
AQUELA BOA GENTE ARREBENTARIA DE IMPACIÊNCIA SE NÃO O FIZESSE...

ACABA ASSIM?
DECIDIDAMENTE, SR. CONSELHEIRO, ACHEI MUITO MELHOR A PRIMEIRA HISTÓRIA.
POIS, MINHA SENHORA, ENTRE TODOS OS FATOS DA MINHA VIDA, FOI ESTE O QUE MAIS ME MARC--
BEM, CHEGA! VAMOS AO CHÁ! CADÊ? ESTÁ PRONTO?

A AUDÁCIA! GRANDE CONSELHEIRO... ESTRAGANDO MINHA FESTA!
E COM HISTÓRIAS QUE FAZEM PENSAR. HUMPF!

FIM

Fragmento II

Por isto: o que não quero é escrever meramente; não penso em deliciar o leitor escorrendo-lhe n'alma o mel do sentimento, nem em dar-lhe comoções de espanto e de imprevisto. Pouco me importo de florir a frase, fazê-la cantante ou rude, recortá-la a buril ou golpeá-la a machado; o que quero é achar um engaste novo onde encrave as minhas ideias, seguras e claras como diamantes: o que quero é criar todo meu livro, pensamento e forma, fazê-lo fora desta arte de escrever já tão banalizada, onde me embaraço com raiva de não saber nada de melhor. [...] Quero escrever um livro novo, arrancado do meu sangue e do meu sonho, vivo, palpitante, com todos os retalhos de céu e de inferno que sinto dentro de mim; livro rebelde sem adulações, digno de um homem.

Júlia Lopes de Almeida. *Ânsia eterna*. Rio de Janeiro: H. Garnier, 1903. p. 1-2.

A MORTE DA VELHA

NÃO, MARIA. ELE NÃO É RUIM, ELE É DOENTINHO.
NÃO, QUERIDA. SEU IRMÃO É RUIM!
E TER NOÇÃO DISSO VAI TE POUPAR MUITO SOFRIMENTO NA VIDA!
HI HI HI
CRÁS
EU VIM FALAR COM A SUA IRMÃ E NÃO COM VOCÊ, SEU FEDELHO!
NÃO!
MAS... MAS NOS AMAMOS!
TANTO QUE ATÉ DÓI! MAS MEU IRMÃO PRECISA QUE EU CUIDE DELE!
ELE NÃO É RUIM... É DOENTINHO!
MENINO RUIM!

TÁ BOM, VAI...
CLARO QUE EU CUIDO DELA! PODEM SAIR!

CLARO QUE CUIDO DELAS!
EU GOSTO MUITO DE CUIDAR DELAS!

CLARO QUE CUIDO DELAS!
VAMOS NOS DIVERTIR, NÃO É, MENINAS?

TIA, LEVE MEU COBERTOR PRO QUARTO!
LEVO, QUERIDA!
TIA, A MADALENA JÁ PASSOU A ROUPA, LEVE PRO MEU QUARTO.
LEVO, MEU AMOR.
LEVE A MINHA ROUPA JUNTO, TIA AMANDA.
LEVO, FOFINHA!
LEVE A MINHA BOLA TAMBÉM, TIA!
QUÊ?
AAAAAAHH
TUN
CRE

CADEIRA DE RODAS?
ANTES DE **DECIDIR SE MACHUCAR** E **PRECISAR** DE UMA CADEIRA DE RODAS, VOCÊ PODERIA TER PENSADO NA DESPESA QUE **ME** DARIA!
ME DESCULPE, MANINHO.
DAÍ QUE SE MUDARAM PARA ESTA CASA!
COM MAIS ESCADAS!
HOMEM RUIM!
ELE NÃO É RUIM! É DOENTINHO!

CHUIF
CHUIF
CHUIF
MINHANOSSINHORA, DONA AMANDA, O QUE SEU IRMÃO FEZ AGORA PRA SENHORA ESTAR CHORANDO?
ELE NÃO FEZ NADA NÃO, MINHA QUERIDA! TADINHO!
EU QUE NÃO CONSIGO MAIS ENXERGAR PARA CONSERTAR AS MEIAS DELE.
O POBREZINHO VAI PASSAR FRIO.
AI, DONA AMANDA...
ESSA SUA FAMÍLIA NÃO MERECE A SENHORA...

QUERIDA, OS CLIENTES RECLAMARAM QUE OS PAPÉIS DO DOCINHO ESTAVAM MAL CORTADOS.

NÃO VAMOS MAIS PRECISAR DOS SEUS SERVIÇOS, DONA AMANDA.

CHÉRIE, VOCÊ SABE COMO AMO OS SEUS CHULEADOS, MAS OS CLIENTES TÊM RECLAMADO...

DONA ANA
STÁ PASSANDO
ECESSIDADE...
COMO VOU AJUDAR SE NÃO PEGO MAIS MEUS BICOS?
NÃO POSSO PEDIR DINHEIRO PARA O MANINHO, O POBREZINHO JÁ SE ESFORÇA TANTO...

JÁ SEI!

DONA AMANDA, É MELHOR A SENHORA SE ESCONDER! SEU IRMÃO ESTÁ VINDO AÍ... E ESTÁ FURIOSO!

PENHORAR O SEU RELÓGIO!
O QUE VOCÊ ESTAVA PENSANDO, AMANDA?
ESTÁ QUERENDO ME FAZER PASSAR VERGONHA!
É QUE EU QUERIA AJUDAR A DONA ANA, DESDE QUE O MARIDO DELA MORREU--
CALADA!
QUER QUE AS PESSOAS PENSEM QUE ESTAMOS PASSANDO NECESSIDADE?
EU TENHO UMA REPUTAÇÃO A ZELAR!
HOMEM RUIM!
HOMEM RUIM!
É POR CAUSA DESSE TIPO DE COISA QUE A TIA AMANDA FAZ QUE NÃO ARRANJAMOS CASAMENTO.
HUMPF!
INGRATIDÃO COM PAPAI!
TSC... TSC...
E QUE ISSO NÃO SE REPITA!
ME DESCULPE, MANINHO.
HOMEM RUIM!
NÃO, ELE É... ELE NÃO. EU...

NÃO É A
CASA ONDE VOCÊ
TRABALHA?

MOÇO,
ESTÁ TODO MUNDO
BEM? E A FAMÍLIA
QUE MORA NA
CASA?
ESCAPARAM.
ESTÃO TODOS ALI,
SENHORITA.

NÃO!
NÃO ESTÃO!
FALTA A DONA
AMANDA!
MOÇO, ELA
NÃO ANDA! POR
FAVOR, SOCORRA
DONA AMANDA!

DONA AMANDA!
EU SABIA QUE ≶COF≶ MEU IRMÃO SE LEMBRARIA ≶COF≶ DE MIM!
MEU DEUS! AINDA BEM QUE A MOÇA QUE TRABALHA AQUI AVISOU QUE A SENHORA NÃO TINHA SAÍDO!
ESTA PARTE DA CASA ESTÁ DESABANDO! VENHA, DONA AMANDA! RÁPIDO!
NÃO... NÃO FOI MEU IRMÃO QUEM PEDIU PARA ≶COF≶ ME AJUDAR?
DONA AMANDA, EU NÃO CONSIGO CHEGAR AÍ! PRECISO QUE A SENHORA VENHA--
PODE IR EMBORA, MEU JOVEM.
≶COF≶
NÃO!
DONA AMANDA!
CRÁS
PODE IR EMBORA!
FIM

Os livros

Os pais antigos proibiam a leitura às filhas, afirmando que os livros eram os piores inimigos da alma.

Para livrarem então as pobres inocentes de, por qualquer casualidade, estarem um dia em contato com tão perigosos conselheiros, faziam uma coisa que lá consigo julgavam muito acertada — não as ensinavam a ler!

Era, evidentemente, o meio mais coercitivo.

Hoje em dia o não saber ler é, felizmente, considerado uma vergonha, e não há uma pessoa que propositalmente condene os filhos a tamanha desgraça; agora o que ainda há são chefes de família que abominam os livros, ordenando às filhas que não toquem nunca em semelhante coisa.

E que fazem elas?

Curvam-se submissas a essa ordem despótica? Mas a curiosidade excitada pela proibição? Mas o desejo aguçado pela curiosidade?

Isso, com que eles não contam, é que é um elemento de corrupção. As filhas começam a mentir-lhes, lendo às ocultas no seu quarto, de noite. Perdem assim as horas consagradas ao repouso, tão necessário à saúde; de manhã estão pálidas, abatidas, nervosas, alegando uma doença qualquer, como desculpa dos olhos pisados e do cabelo em desalinho; sentam-se à mesa sem apetite, com um modo pasmado, a alma suja pelas novelas prejudiciais, insalubres, recheadas de aventuras românticas e de heróis perigosos.

Ora, se o pai as acostumasse aos bons livros; se, em vez de os apontar como nocivos, os buscasse como profícuos, escolhendo-os criteriosamente; se lhes fizesse compreender as mais brilhantes páginas da história, se guiasse o espírito indeciso das crianças pelo caminho honesto da verdade e da franqueza; se as fizesse estudar e meditar bons autores, apontando-lhes: belezas ou defeitos, e criando-lhes uma educação perfeitamente sólida, elas não leriam por certo contos mal traduzidos nem pouco morais e fugiriam espontaneamente de gastar o seu tempo e de estragar o seu gosto.

Quem está acostumado a uma leitura sadia, às obras dos mestres, não suporá a linguagem pervertedora dos romances maus.

Mas, desgraçadamente, nós não sabemos ler!

É raro encontrarem-se nas nossas salas duas senhoras que falem de literatura mostrando interesse pelos bons autores, principalmente pelos do seu país! Do jornal leem o folhetim, isto é, o romance de enredo, onde as deleitam as cenas imprevistas, as astúcias de lacaios e de agentes falsos, os véus negros de adúlteras, os livros em entrevistas amorosas, e os lampejos de espadas no campo da honra!

Mas por que é que nos deixamos arrastar por uma torrente assim tão turva e tão falsa?

O livro é um amigo; nele temos exemplos e conselhos, nele um espelho onde tanto as nossas virtudes como os nossos erros se refletem. Repudiá-lo seria loucura; escolhê-lo é sensato.

A mulher, que é o ente infinitamente melindroso, sensível, vibrátil, delicado, tem o dever de adorar a poesia.

Eu amo-a, e esse amor tem-me dado alegrias inextinguíveis.

Inextinguíveis, sim! Porque o verso, que é a mais delicada e a mais formosa maneira de vestir a ideia, quando nos entra no coração ali deixa eternamente uma réstia de luz.

Júlia Lopes de Almeida. *Livro das noivas*. 3ª ed. Rio de Janeiro: Livraria Francisco Alves, 1914. p. 35-39.

HMM... NÃO SEI...SAIA DAÍ, IGNEZ!

PERFEITO!

AI, ÂNGELA, VOCÊ É LINDA DEMAIS, MINHA NETINHA!
A ROSA BRANCA

SUSPIRO
É... A VOVÓ GOSTA MAIS DA ÂNGELA.

NÃO SE PREOCUPE, EU... MEIO QUE JÁ ESTOU ACOSTUMADA...

!
AHHAHA
AI, ÂNGELA!
VOCÊ É TÃO CHEIA
DE VIDA!

NÃO É MEU LUGAR
DIZER O MOTIVO PELO
QUAL MADAME PREFERE
A ENCAPETADA-- DIGO,
PATROINHA ÂNGELA.

SUSPIRO
MAS O
ANIVERSÁRIO
É DA IGNEZ,
VOVÓ!

AH,
FORMALIDADES...

AHHH,
PREFERE!
CERTEZA QUE É
PORQUE PATROINHA ÂNGELA
SE PARECE MAIS COM A
FAMÍLIA DE MADAME.
...E PATROINHA IGNEZ
É A CARA DA FAMÍLIA
DO GENRO!

HUMPF!
SABE NEM SE
PORTAR!

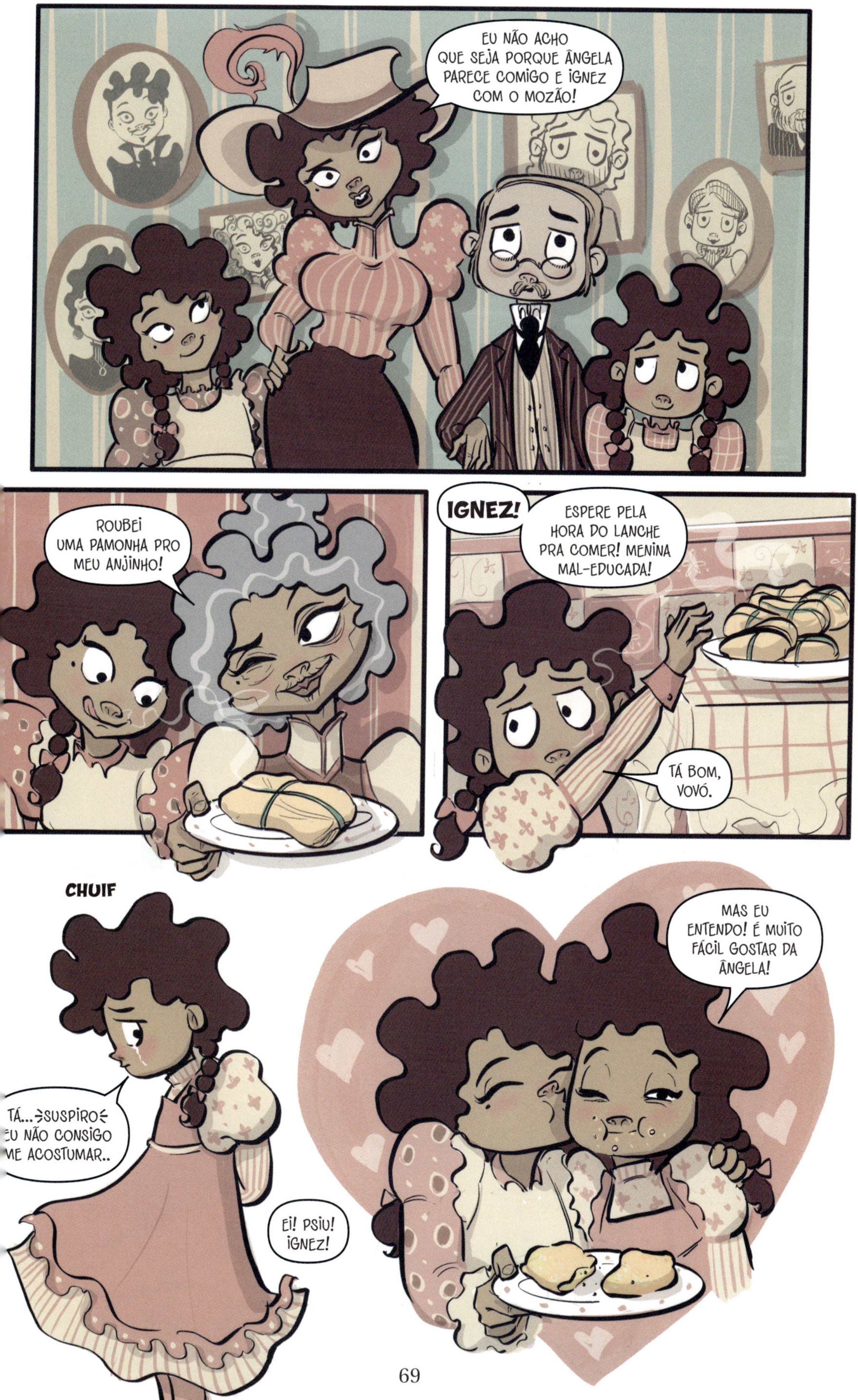

ROUBEI UMA PAMONHA PRO MEU ANJINHO!

IGNEZ!

ESPERE PELA HORA DO LANCHE PRA COMER! MENINA MAL-EDUCADA!

TÁ BOM, VOVÓ.

CHUIF

TÁ... ≥SUSPIRO≤ U NÃO CONSIGO ME ACOSTUMAR..

EI! PSIU! IGNEZ!

MAS EU ENTENDO! É MUITO FÁCIL GOSTAR DA ÂNGELA!

NÃÃÃÃO!
MANDAR ÂNGELA PARA O COLÉGIO?
MAMÃE, JÁ DECIDIMOS, ÂNGELA VAI ESTUDAR FORA SIM!
MEU GENRO FAVORITO, SE ÂNGELA FICAR, EU AJUDO A PAGAR PROFESSORES PARTICULARES.
ER... EU SOU SEU ÚNICO GENRO.
NÃO MANDEM ÂNGELA PRA LONGE!
QUEM VOU LEVAR COMIGO PARA MEUS COMPROMISSOS SOCIAIS AGORA?
ESTA AQUI?
SUSPIRO

VOVÓ! JÁ SEI COMO ANIMÁ-LA!
COMO, MEU ANJINHO?
QUANDO EU STIVER NO COLÉGIO, VAI PARECER, TODA MANHÃ, UMA ROSA BRANCA EM SEU ORATÓRIO!
MAS...
SE ESTIVER MURCHINHA, É PORQUE ESTOU DOENTINHA!
E SE NÃO APARECER, É PORQUE MORRI!
HAHAHAHAHAHAHA
NÃO FAÇA ESTA CARA, ESTOU SÓ BRINCANDO, VOVÓ!
IXE... A VOVÓ LEVA ESSAS COISAS MUITO A SÉRIO!

?
AI, O JARDINEIRO!

MUAHHHH!

AI!
PARA TUDO!

REUNI TODOS POIS ALGO MUITO ESTRANHO TEM ACONTECIDO!
TODAS AS MANHÃS, QUANDO CHEGO PARA TRABALHAR, UMA DAS ROSAS BRANCAS SUMIU DO JARDIM!

E SÓ PODE SER ALGUÉM DAQUI DA CASA!

AI, SE EU PEGO QUEM ESTÁ SUMINDO COM AS ROSAS!

OLHA A PRESSÃO, MOZÃO!

FANTASMA! CERTEZA!
MAS ESSE JARDINEIRO É BEM GATINHO, HUM?
SÓ FALO NA PRESENÇA DOS MEU
ADVOGADOS!
CALMA, GENTE! ACHO QUE SEI QUEM É O TAL BOM ESPÍRITO QUE TEM ME FEITO FELIZ!

ZZZZZZZZ

OH NÃO!
EU ACORDEI ANTES... É NOITE AINDA!

É A HORA DOS MONSTROS E VAMPIROS!

SABIA! ERA VOCÊ ESSE TEMPO TODO!

AH, MINHA IGNEZ! COMO ÉS BOA!
VOVÓ!
FIM

GERMANA VIANA

Lembra-se de quando você era criança e depois que lia um livro ficava dias morando naquele mundo criado por quem o escreveu? A sensação era tão forte que não cabia no peito e você, mesmo que alguém já tivesse feito isso, *precisava* desenhar os personagens, as ruas, as casas... Lembra? Até hoje eu faço isso! Tenho um caderninho com rostos de como imagino cada personagem por quem me apaixonei... ou detestei!

Mas você deve estar pensando: "Legal, moça, mas quem é você?". Meu nome é Germana Viana, nasci em Recife-PE, mas estou em São Paulo-SP tempo suficiente para ter misturado os dois sotaques. Sou formada em Artes pela Universidade Estadual de São Paulo e comecei minha carreira nos anos 1990 fazendo ilustrações de livros infantojuvenis.

Sou desenhista e roteirista de histórias em quadrinhos – pois é, gosto tanto dessa coisa de desenhar personagens que desenho os dos outros e os meus. Sou autora, dentre outras HQs, dos *sci* bagaceira *Lizzie Bordello e as Piratas do Espaço 1* e *2*, do gibi de super-heroínas *As Empoderadas* (vencedor do troféu HQMix na categoria WebQuadrinhos), do terror *GdM Apresenta: Patrícia* e da comédia romântica *Só Mais Uma História de uma Banda*. Também sou editora e uma das autoras de *Gibi de Menininha 1* e *2* e d'*Os Catecismos de Mama Jellybean*.

Desenvolver histórias em quadrinhos a partir da obra de Júlia Lopes de Almeida é uma honra dupla. Primeiro porque ela é uma das pioneiras que abriu, e manteve aberta, a porta para nós, mulheres contadoras de histórias. Segundo, pelos temas e reflexões trazidos em seus contos! Só nestes aqui selecionados podemos destacar reflexões sobre o papel da mulher dentro da família e da sociedade, sobre relacionamentos tóxicos, inclusive familiares, sobre as relações de poder, a responsabilidade e a consciência de classe. Isso tudo muito antes das redes sociais! Agora, eu me sinto assim, "juntinha" da Júlia – sim, depois de mergulhar nas histórias e dar cores e formas aos seus contos, nós nos tornamos íntimas e posso chamá-la pelo primeiro nome! Então, espero que você tenha gostado tanto de ler quanto eu gostei de adaptar!

JÚLIA LOPES DE ALMEIDA

Nascida no Rio de Janeiro, em 24 de setembro de 1862, Júlia Valentim da Silveira Lopes de Almeida foi uma contista, romancista e cronista, além de poeta, que sempre refletiu suas preocupações com a condição feminina na sociedade brasileira. Ainda criança, a família mudou-se para a cidade de Campinas, em São Paulo, onde teve seu primeiro trabalho como jornalista, aos 19 anos, no periódico *A Gazeta de Campinas*.

Sempre à frente de seu tempo, um período em que os direitos das mulheres não eram considerados e muito menos discutidos, ela se propôs a fazê-lo. Alguns anos depois, em 1884, passou a escrever também para o jornal carioca *O País*, o que fez por mais de 30 anos. Em 1886, mudou-se para Lisboa, lançando-se lá em Portugal como escritora ao publicar, junto com sua irmã, o livro *Contos infantis*, no ano de 1887. Em 1888, casou-se com o português Filinto de Almeida (1857-1945). Retornando ao Brasil, publicou seu primeiro romance em forma de folhetim no jornal *O País* – *Memórias de Marta*. Seguiu fazendo escritos jornalísticos em diversos periódicos do Brasil.

Sua produção é vasta e diversificada em termos de gêneros literários: escreveu crônicas, contos, peças teatrais, contos infantis e romances. Foi marcada pela obra de Émile Zola (1840-1902), dentre outros. Viveu no Rio de Janeiro num período de profundas mudanças políticas, e por isso a capital do país tornou-se a cidade cenário de muitas de suas marcantes obras. Grande defensora dos direitos da mulher, participou de forma ativa e expressiva de muitas manifestações de apoio à ideia de fortalecer a figura feminina na sociedade brasileira. Teve grande sucesso de público com seus livros, com destaque para *Livro das noivas*. Participou ativamente da criação da Academia Brasileira de Letras (ABL), no ano de 1897, sendo Filinto de Almeida, seu marido, um dos fundadores da entidade. Ele ocupou a cadeira de número 3. Por ser mulher, Júlia Lopes de Almeida foi impedida de ingressar na instituição.

Na década de 1910, voltou a viver em Lisboa e, na seguinte, mudou-se para Paris, onde veria alguns de seus textos ali publicados. Morreu no Rio de Janeiro em 30 de maio de 1934.

Romances

A família Medeiros
Memórias de Marta
A viúva Simões
A falência
Cruel amor
A intrusa
A Silveirinha
A casa verde
Pássaro tonto
O funil do diabo

Novelas e contos

Traços e iluminuras
Ânsia eterna
Era uma vez...
A isca
A caolha

Teatro

A herança
Teatro
O caminho do céu
A última entrevista
A senhora marquesa
O dinheiro dos outros
Vai raiar o sol
Laura

Textos diversos

Livro das noivas
Livro das Donas e Donzelas
Oração a Santa Doroteia
Jornadas no meu país
Correio da roça
Jardim florido
Eles e elas
Maternidade
Brasil

Escolares

Histórias da nossa terra
Contos infantis
A árvore

As histórias em quadrinhos (ou, simplesmente, HQs) são um gênero textual cada vez mais lido e respeitado no mundo todo. Mas nem sempre foi assim. Quando surgiram, no final do século XIX, infelizmente não obtiveram muito prestígio entre os estudiosos e foram relegadas a um patamar inferior no universo das artes e da tipologia textual. O sucesso de público que esse tipo de narrativa alcançou, entretanto, foi bastante significativo desde o começo.

O primeiro registro de texto em formato de HQ de que se tem notícia surgiu em 1895 em uma revista dos Estados Unidos. A tirinha *Yellow Kid*, inventada por Richard Outcault, narrava as aventuras de um garoto em quadrinhos sequenciais, com balões para acomodar o texto e a fala dos personagens. Estava criado o gênero que atravessou todo o século XX com imensa popularidade, chegou aos dias atuais com muito prestígio e trouxe enorme fama aos criadores (roteiristas e desenhistas) das mais variadas histórias – de super-heróis a autobiografias de refugiados de guerra.

Hoje em dia, as histórias em quadrinhos são sucesso em todas as partes do mundo, publicadas em jornais e revistas (no formato de tirinhas) ou compondo histórias maiores em formato de livro. O universo das HQs tem se tornado cada vez mais diversificado, amplo e cultuado.

A vocação natural desse gênero em combinar, com aparente facilidade, imagens sequenciais e texto escrito é um dos motivos da aceitação cada vez maior das HQs pelo público. Livros clássicos, histórias universais e imortalizadas pelo tempo também são tema ou inspiração para histórias em quadrinhos.

A coleção **HQ Brasil** foi criada para aproximar os leitores de dois universos aparentemente distintos: o da literatura clássica e o das histórias em quadrinhos. Com uma linguagem gráfica moderna e ágil, os livros que compõem esse selo apresentam textos consagrados, autores cultuados e histórias muito conhecidas em um formato altamente contemporâneo e dinâmico. Um convite irrecusável para conhecer um pouco da obra de grandes artistas.

Este livro foi composto com as tipologias American Typewriter, BadaBoom, Comic Crazy, Catseye, Century Gothic, Frozen Memory, Noteworthy, Nickname, Papyrus, Utopia, e Wimp-Out, e impresso em papel couchê para a Editora do Brasil em 2022.